JN437802

유빙流氷의 바다

책 만 드 는 집 시 인 선 115

유빙流氷의 바다

정평림 시집

책만드는집

| 시인의 말 |

2003년 등단 이후 네 번째 시조집을 묶는다. 언제이고 써놓은 글을 읽을 때마다 둔한 솜씨를 후회하곤 하지만 그렇다고 내친걸음을 중지할 수는 없지 않겠는가.

더구나 하루가 멀다 하고 변화하는 쾌속의 시대를 살아가면서 자기 위치에서 분명히 할 말은 많을 것 같고, 나름대로의 감성으로 당면 과제를 풀지 않고는 제 길마저 갈 수 없을 것 같다. 그것도 우리의 가락 시조의 틀에 맞추어 자유로이 사유함에 있어서랴!

강호 제위의 너그러운 편달을 고대하면서, 이 책이 탄생할 수 있도록 도와주신 분들께 깊은 감사를 드린다.

－2018년 가을

정평림

| 차례 |

1부 무위의 언덕

2부 사초하는 날

3부 그믐밤 쇠똥구리

4부 팔려 온 섬

5부 한여름 여울목에

1부

무위의 언덕

귀촉도

저 앞산
자드락길
봄빛 먼저 몰고 오네

꽉 찬 달 바투 떠서
혼절한 꽃 들깨울 때

귀촉도
헹긴 띠돌며
그 발자국 헤고 있네

* 발표작 「봄밤 판타지아」 참고.

파문의 뒤끝

코끼리 귀 연잎 위에 청개구리 성큼 앉아

조는 하늘 죄 삼킬 듯 입 째져라 하품할 때

해묵은, 마른 꽃대에 물잠자리 뱅뱅 돌고

야! 고놈 엉큼하게 봉 잡았다 여기는지

먹잇감 사뿐 앉자 팔짝 뛰어 덮치는가

제 몸피 큰 줄 모르고 반도 못 가 공중제비

웃기는 놈 빠진 연못 빗살무늬 사뭇 일고

부처님 손바닥에 잔금 하나 긋는 참에

한나절 구름 몇 점이 물거울에 둥실 뜰 뿐,

뒤처진 수업

칠판 삼은 저 하늘에 밑줄이나 그어대고
이 지상 화선지엔 수묵화나 그려 넣나

삶터란 벽 없는 교실
교과과정 짜기 바쁜,

자고 나면 내달리는 초고속 수업이야
뭘 하나 꿍쳐놔도 내일이면 헛것일 뿐

손전화 창窓을 더듬다
돋보기 먼저 찾고 있어

낡은 틀 못 깬 사이 필수과목 늘어나고
책갈피 열 적마다 붉은 줄 투성이였지

눈 침침 어두운 오늘
과제 하나 익힐까?

부채꽃 언저리

흩날리는 꽃잎이지, 홀로 취한 부채춤은
절로 이는 신명 따라 흥도 끼도 가락 타고

한 무대 휑한 된비알
녹아내려 훙건하네

하나 둘씩 몸태 바꿔 홑꽃잎 날아들고
주연급 버선발 위로 꽃비 저리 내릴 즈음

딩가딩 휘모리장단에
목근화木槿花 활짝 벙그는가

촘촘히 어우러져 개국開國 나팔 부는 게지,
제 깜냥 펼친 만큼 한 울타리 되는 게지

파르르 떠는 그 언저리
눈길 차마 뗄 수 없네

부활의 눈

—어느 산역山役길에서

잉걸불 한 생애가

손사래 치며 재가 되네

소슬바람 건듯 일어

물든 만장 흔들어봐도

산역길

뒤끝 언저리

한 줌 적막 주름지네

날빛 묻고 하산할 때

발목 잡는 큰 손 있어

산억새 수화手話 따라

이 지상에 내리는 눈

삼라는

흰옷 상두꾼

부활의 눈을 뜨리

인동덩굴

덩굴손 더듬어 가다 댑바람 만났는가

잰걸음 숫눈길에 물동이 잠방댄 빨래터

봄 채비 달뜬 햇살에 곱은 손이 녹는다

초여름 금화 은화 갈마들며 피던 한때

바닐라 향 꿀을 빨고 쪽머리에 꽃 꽂았지

해맑은 눈매를 들어 연꽃 해를 감싼다

오지에 그늘지자 제 스스로 회초리 들고

동안거 내몰리다 속 빈 가지 털 벗긴 채

철들어 여민 옷섶에 먼 회오리 파고든다

반나마 살아남은 푸른 잎새 손짓 몸짓

세한에 떨고 있을 노숙의 새 불러놓고

빈 열매 풀어 헤치며 마른 젖을 내민다

마지막 수화手話

—어느 시인의 병상 옆에서

팽팽한 5월 햇귀 동아줄을 틀고 있다
하늘 가득 출렁이는 꽃가마 속 가쁜 숨결
졸라맨 산소호흡기
턱수염이 우북하다

화선지를 적신 먹물 시나브로 발묵하듯
발 빠진 늪에서도 조등弔燈 같은 등을 단다
'루게릭' 말만 들었지
음유吟遊하며 시 쓰는 이

굳어버린 등짝 뒤로 찔러 넣은 용채 몇 장
알아차린 입꼬리만 귀에 걸면 그만인 걸
늘 하던 능청을 떨며
눈짓, 몸짓 마지막 수화

엄지 검지 원 그리다 합장하며 점두點頭한다

비익조比翼鳥 눈빛으로 서로 펴는 반쪽 날개
아, 하마 '레테의 강' 넘는
긴 손사래 가뭇없다

세화리* 순비기꽃

가슴팍 생피 돌면 얼굴빛도 환해질까
어깨 겯고 된바람 막는 띠줄 같은 순비기나무
효오이, 숨비소리에
톡톡 꽃망울 터진다네

꽃잎 비벼 귀를 막고 함께 들던 천 길 물속
테왁** 둥실 띄운 하루 물이랑 출렁 물질이네
어쩌다 불턱***에 들 땐
먼 파수꾼 돼주었지

세화리 오일 장터 수탈의 끈 조여올 무렵
흰 저고리 검정 치마 메밀떡 전대 둘렀던가
호미도 빗창도 세우고
섬을 껴안던 손깍지

배고픈 일 없는 세상 어질머리 웬 말이랴

오명가명 열매 따다 서로 맡던 순비기 향香
그날 그 누이 젖 냄새
물큰하게 풀어놓네

* 제주시 구좌읍 세화리. 1932년 해녀 천여 명이 '세화리 오일장'에서 항일 투쟁을 벌였다.
** 해녀가 물질할 때 몸을 의지하고, 채취한 해물을 망사리에 넣고 매어서 띄워놓은 뒤웅박.
*** 해녀가 물질을 하기 위해 옷을 갈아입거나 쉬기 위해 돌담을 쌓아 만든 공간.

애강나무* 그늘

애강나무 욱은 숲길 초여름에 접어든 날
갈맷빛 잎 출렁출렁 흰 꽃구름 피워놓고
난분분 하늬가 일 때
너와 갈 길 구만리였지

한발 쉬던 그늘에는 성근 별뉘 하마 들고
꽉 짜인 매무새가 헐렁해진 조락의 시간
철 이른 검붉은 열매
제 무게 견디고 있네

끝물 땡볕 갈무리한 볼 아래로만 눈길 주나
육탈肉脫의 숨겨운 고비 땅속 깊이 묻을 순 없어
입 다문 빈 가지 잡고
멀고 긴 말 되뇌이네

* 산사나무山査木 또는 아가위나무의 강원도 탯말.

무위無爲의 언덕

하냥 그리 발품 팔다 품속 들 듯 여길 왔나
늦은 봄 무논 개구리 글 외는 신명 왁자하다
꽤나 긴
오르막길에서
굽어보는 가갸시절

해거름 빗금 긋자 이내 슬몃 먹물을 푼다
가야 할지 서야 할지 엇박자로 고이는 적막
누군가
키를 높이는
트럼펫 소리 아주 멀다

구만리 머나먼 하늘 붕새 아직 떠 있는지
흰 옷깃 여미고서 올려다볼 짬도 없이
툭! 하고
지레 떨어지는
어이없는 새똥 세례!

싱크홀 시대

1
상하수도 반세기에
땅이 푹푹 내려앉네

몸에 깔린 노후 혈관,
그마저 피멍 들었나?

거망빛
무저갱 속으로
빠져드는 함정이라니!

2
어느 봄날 피어났나,
손등 위 검버섯 두엇

다 늙게 주름을 감춘
싱크홀 뚜껑 게 아닌지?

괜스레
멀쩡한 등신
맨얼굴을 긁고 있네

해마海馬에게

난바다 헤쳐 나갈 등지느러미 활짝 펴고
내달리는 말[馬]을 닮아 그 이름 해마인가

타고난 뼈대 하나로
곧추서서 뒷짐 지는

머흔 나날 숨 돌리다 해초 숲에 발붙이고
임대주택 빌려 사는 캥거루족* 풀빛 세대

육아낭育兒囊 배 앞에 두른
베이비시터 아빠 좀 봐

씨알 고른 한배 고루 온 힘 다해 키우고도
빨대입 큰 줄 모르고 꼬리 사뭇 감고 있나

여보게! 자식 치다꺼리에

노을 든 줄 모르겠어

* 성인이 되어서도 독립하지 못하고 부모에게 의지해 사는 부류의 사람들을 일컫는 말.

빈손

아호雅號 하나 받으려고
큰스님 찾아갔지

먹을 갈라 이르시고 화선지 펴시는 동안 "그래 그 뭣이더라, 점 볼 때 복채 놓듯 곡차穀茶라도 한 병 들고 왔겠지?" 하시며 동자승 낯빛 하고, 입이 함빡 귀밑까지 헤벌쭉 찢어지셨네 "아닙니다, 큰스님! 스님께서 설법하실 때마다 늘 '인생은 공수래空手來라' 하시기에 빈손으로 왔습니다"라고 말씀드렸는데 드렸는데 말이야 내심 괘씸히 여긴 스님 빡빡머리 주변으로 광배光背 같은 게 일더니만 느긋이 이르시길 "그래 배우긴 제대로 배웠구먼 헌데, 공수래 다음에 오는 세 글자가 공수거空手去여서 공수래하면 반드시 공수거라 그 손 냉큼 털고 빈손으로 돌아가게!"

선문답 오가는 법당
부처님도 목이 타네

2부

사초하는 날

다시 정읍사

팽팽하게 부풀었네

찻잔 속에

빠진 그 달

입술 닿자 할 하르르

꽈리 부는 얼굴 하나

어긔야

하마 날 잊었나

삭은 안부 둥둥 뜨네

까마중 중중모리

―뇌운계곡에서

바람이 할퀸 자리 골이 깊어 산이 높다

계곡물 급물살에 눈도 귀도 하얘지는

뻐꾸기 피울음 소리 삼도내* 기슭인가

지나새나 매달리던 무명 흰옷 치마꼬리

발목 붉은 한 세월이 메아리로 돌아온다

무딘 속 알알이 맺혀 멍이 드는 까마중

먼 산 한쪽 바람꽃도 철든 만큼 지레 일고

허기진 날 쓰다듬던 어머니 그 약손처럼

큰 천둥 지날 때마다 시나브로 여문다

* 사람이 죽어서 저승으로 가는 도중에 있다고 하는 큰 내.

대관령 알펜시아*

재 너머 높새바람 비 그늘에 숨죽일 때
오는 길목 마중하는 팔랑개비 휘휘 돌고
땅딸보 토박이 관목
까치발을 세우네

굼뜬 몸 발길을 옮겨 세 발 날개 감고 돌 듯
어디선가 부스러지는 동해바다 햇살 같은,
긴 역사 영서의 숨결이
광배처럼 뜨는 이곳

알펜시아 바람일까, 이 지상에 눈 쌓이네
하늘 밑 첫 동네엔 설피** 끌던 신화가 숨고
풍화된 육탈의 뼈대
한 고원의 빛이 되리

* 2018년도 동계올림픽 당시 스키점프, 노르딕 복합, 스노보드 빅에어 경기가 치러진 곳. 알펜시아Alpensia는 아시아의 알프스라는 뜻.
** 강원도 평창 지역에서 겨울철 눈이 깊을 때 신던 덧신의 일종.

청보리밭 서사

파종 끝낸 이랑마다 이른 높새 눈발인가
꽁꽁 언 땅 밀고 나온 대창 끝이 섬뜩하다

철 늦은 조상눈* 아래
일떠서는 푸른 의병

배고픈 일 없는 세상 아직 할 말 남았을까?
속살 발린 아픔 딛고 막아야 할 봄철 가뭄

서릿발 들뜬 땅껍질
자근자근 밟아준다

죽살이 고비 넘기면 지상에도 별이 들 터
보리누름 올 때꺼정 청보리밭 바람 일고

새 왕조 감성문화感性文化라니
보릿대 막춤 춰야겠지

어느 한때 황토 마루 하루해 이울던가
잰걸음 숨 돌리며 미숫가루 타던 손길

한시름 가락에 담던
보리피리 불고 싶다

* 일찍 내렸다가 녹지 않고 다음 해 봄까지 버티는 눈.

간고등어

오지 마을 두리반에 귀하신 몸 올랐던가
짭조름한 왕소금 맛 어린 혀도 절이는지

비린 살 뚝, 떼어 물자
눈에 밟힌 풀빛 한때,

밥 한 술 뜨자마자 자반 하마 올려주고
"내 강아지" 찾던 할매 허리띠나 풀었을까?

형광등 식탁 위에서
사초史草 쓰는 간고등어!

오대양 한 마당에 세勢 불리던 날도 접고
'죽어 천년' 고집하는 토막 난 묵언 보살

한없이 낮은 몸 되어

보시布施의 길 트고 있는,

평창 나들이

바랑재* 긴 너덜경 배낭 하나 메고 넘네

스스로 뜬 눈높이만큼 애벌구이 해도 뜨고

먼발치 닭 울음소리 한 발이나 길어졌네

위, 아래뜸 할 것 없이 해동갑 일손 바빠

잰걸음 서둘수록 돌부리 사뭇 걸려들고

해거름 그림자 키만 멀대같이 자랐다네

멋모르고 덧칠해온 군더더기 아닐는지?

철부지 귀잠 깨워 갈 길 이르는 저 물소리

우수수 밤하늘 별빛 빈 배낭에 쓸어 담네

* 강원도 평창군 대화면 상안미리와 개수리 경계에 위치한 험한 재.

비탈 소나무

어느 봄날 갓털 달고 하늘 가녘 날던 한때

저녁연기 모락일 즈음 환한 꽃길 접어놓고

지렁이 울음소리에 적막 속으로 말려든다

아차! 싶은 경고음인가, 어둠 하마 발목 잡고

푸른 이내 결 풀리듯 찌르르 산이 울면

이순耳順의 몽니만 남아 내일, 또 내일 연다

벼랑 끝 몰리고 난 뒤 별 고르는 저 다복솔

촘촘한 나이테 세며 긴 오도송 외고 있나

땀땀이 후광後光 두르고 허위넘는 벼룻길

곰치탕* 한때

해거름 술시戌時 되면 그리 찾던 곰치탕집

하루 날빛 죄 칼질하듯 속풀이 국 끓여놓고

뉘 먼저 말문 닫았나,

맛에 홀린 묵언 도사

바닷속 천민 갯것, 느닷없이 묵은지라니

그 누구도 눈치 못 챈 알다 모를 궁합이었어

뱃구레 출출한 그날

부를수록 뜨는 눈부처

훌훌 들다 씽긋 웃는 이승의 눈매만큼

다시금 못 본다 해도 지레 슬퍼 울지 마라

너와 난 조우해야 할

먼먼 나라 비익조니까

* 물곰(동해에 서식하는 심해어류의 일종)과 김치(묵은지)를 섞어 끓인 탕.

가리왕산* 바람꽃

꼬리 물고 포개진 산맥, 말 건넬 듯 다가온다
펑퍼짐한 '육백 마지기' 수풀 천 리 깔고 앉아
가리왕 맥국貊國 성터를 으늑하게 숨겨놓고,

된바람 된비알에 죽살이치며 버틴 푸나무
속살 깊이 감싼 잎눈 나무새로 돋아날 때
벽파재** 정선아라리가 깊은 귀잠 들깨운다

자작나무 숲길 따라 햇살 몇 톨 길을 내고
이고 갈 짐 커질수록 울대 뽑는 저 뻐꾸기
울 엄니 허기진 하루 누리대***만 꺾어 물 뿐,

무수리 물 긷던 샘터 한발 쉬며 목 축이나
보리누름 올 때꺼정 노상 뜨는 찬 바람꽃
몰고 온 산 그리메가 영서嶺西 한끝 뒤덮는다

* 강원도 평창군과 정선군 사이에 위치한 해발 1,560m의 산. 옛 맥국의 피란 성터가 있다.
** 가리왕산 능선에 이어진 한 재嶺 이름.
*** 해발 1,000m 이상 되는 곳에 자생하는, 특이한 향을 가진 산채. 줄기를 날것으로 먹는다.

예담평* 북소리

험한 준령 둘러싼 곳 하늘이 준 요새였나
둥 둥 둥 북을 치며 눈 부라리던 조선 병사
솔수평 깨운 연기가
머리 풀고 고개 드네

지금은 곡창穀倉이라지, 평창강 휘돌아가고
드문드문 모인 마을 주먹밥 짓던 그때
남병산 산 그림자가
이내 감고 내리네

북두칠성 뚜렷한 여기 어둠 한창 번지는가

통문通文 지닌 파발마겠지, 횃불 환한 사초거리**

울려라, 북소리 울려라

산말랭이 움찔하게

* 임진왜란 때 왜군을 막기 위하여 평창 현감이 현재의 대화면 하안미6리 솔수평이가 있는 들판에 마련했던 조선군 야영장이 있던 곳. 조선군 병사들이 하나씩 돌을 던져 만들었다는 돌무덤이 있다.

** 파발마에게 풀을 먹이고 쉬게 하던 곳.

춘곤春困

봄볕 절로 무르녹은 해토머리 한식 무렵,

선산 묘소 떼 입히고 할 일 다 한 뒷날처럼

툇마루 냉큼 걸터앉아 묻혀 온 흙 털고 있네

때로 이는 소소리바람 녹색 왕조 길 트는지

앙감질 끊임없네, 꽃대궐 저리 재촉하고

어머니 실눈 속으로 가물거리는 자색 산빛!

간이 목욕탕

소여물

가마솥에

물 한 지게 불 지피나

맨 알몸 땟국 위로

볼기 치던 어머니 손

까치설

지새고 난 뒤

키 한 뼘씩 훌쩍 컸네

하지감자*

모지랑숟가락**으로 긁다 긁다 남긴 몇 알
신문지에 돌돌 말아 숨겨둔 게 사달이었나
이듬해 봄이 무섭게 씨눈 뜨는 감자라니

후생에나 다시 보랴, 맘 졸이며 비손할 때
아니야! 정말 아니야, 콩알만 한 새끼 감자 실뿌리 사뭇 내려 어미 등 굳게 잡고 조랑조랑 매달렸어, 매달렸어 제 몸 말려 후사後嗣 잇는 벼랑 끝 궁리일까? 새끼치기 종족 보존 저네들의 비원일까?
9남매 줄곧 키워내다 삭아버린 우리 엄니

* 초봄에 파종하여 장마 전에 수확하는 감자.
** 감자 껍질 따위를 벗기느라 닳아서 복판이 무디어진 숟가락.

3부

그믐밤 쇠똥구리

초파리

타고난 죄 밝힐 줄 몰라

숨어 사는 달인達人인가

짧은 생애,

긴 죄목으로

관을 쪼갠 부관참시剖棺斬屍

한 우주

생명과학이

칠성판에 누워 있네

겨울 우울증*

−어느 숲길에서

텅 빈 숲길 비껴간다, 동짓달 반짝 해가
날 선 바람 그 등살에 한풀 꺾인 산등성이
참나무 말문을 닫고 입술 열기 꺼린다

허구한 날 이고 사는 눈비구름 또 몰릴까
몸속 얼음 줄기세포 고루 퍼진 멜라토닌**
쥐꼬리 일조시간에 속 기분만 무겁다

지상의 겨울이야 으레 오는 연단의 장場
들어 쓸 그날 오면 활개 쭉쭉 뻗는다지
오늘은 발가벗은 채 햇볕 흠뻑 쪼일 때야

* 햇볕 부족으로 오는 계절성 정서장애Seasonal Affective Disorder : SAD.

** 겨울 우울증의 원인 물질(일명 '어둠의 호르몬').

저 큰 손

잰걸음도 가로막나, 텍사스에 폭설이라니
바람 탄 떡갈 잎새 제 몸 앉힐 자리 찾고
도토리 고만한 키에 하마 들뜬 다람쥐 떼

누굴 겨눈 서부극인지 초연硝煙이 자욱한 변방
양 볼 가득 탐욕을 채운 무법자 판치는 곳
멀리 가 숨겨둔 먹이 돌아서면 어딘지 몰라

해거름 불씨 고르며 팔을 걷고 길을 묻넌
주연급 레드 오크red oak*도 모르는 체 손 내밀까
오지에 큰 뿌리 내린 그 후예들 박수 소리

곰비임비 터를 닦는 그럴싸한 시나리오
미망迷妄 같은 벼룻길에 우주의 섭리 찍는,
저 큰 손 연출 솜씨를 뉘라 감히 흉내 내리

* 텍사스 레드 오크 : 텍사스 지역에 분포하는 떡갈나무의 일종.

그믐밤 쇠똥구리

미리내 뱃길 따라 갈 곳 먼저 점지하고

밤잠 없는 울 할머니 조랭이떡 빚어내듯

뭉쳐둔, 똥 경단 위에서
안단테 춤사위라니

겹눈에 얼비친 터, 믿을 게 되지 못해

도방 대처 헤매 돌다 버릇처럼 엮는 일상

희뿌연 좁쌀 별무리
구린 몸도 닦아주리

굴려라, 또 굴려라 직선거리 집을 찾아

칠흑의 적막을 입고 밤에 하는 일손이듯

야행성, 그 눈부신 터득
별똥별이 줄을 긋네

유빙流氷의 바다

얼음덩이 둥둥 타고 가쁜 숨 몰아쉰다
떠다니는 제 한 몰골 행여 모를 저 북극곰
야성의 발톱을 세워 둔한 엉치 긁고 있다

툰드라 길 헤쳐 가는, 욕망의 끈 두루 엉켜
쾌도난마 날 세우며 때만 보는 막장이라니
투발루Tuvalu* 덮친 파도가 북극해로 밀려온다

코앞에 둔 유토피아 그리도 멀고 먼지
유빙의 바다를 묶어 삼한사온 되찾을 때
한바탕 오로라 띄워 곰 가족을 조명하리

* 남서태평양에 있는 산호섬으로 이루어진 나라. 해발고도 최고점이 4m에 불과한 이 나라는 지구온난화로 인한 해수면 상승으로 수몰 위기에 처해 있다.

치악산 아무르장지뱀*

미명을 흔들어 깨운 장끼 소리 요란한 곳
먹이사슬 고리 끊고 되사는 법 터득한 뒤
겁 없이 입산入山한다며 빈 절터에 도사리네

그 오랜 수행의 끝, 돈오점수頓悟漸修 이르렀나
먹물 옷 지레 벗고 비단 장삼 두르고 나와
잠시 온 사바娑婆라지만 제 짝 한번 불러보네

먹고 먹히는 숲 속, 가피加被 입은 하루였지
눈 부라린 천적 뜨면 꼬리 잘라 보시하고
아린 몸 숨어 핥으며 환한 내일 기약하네

* 장지뱀과에 속하는 긴꼬리도마뱀Long-tailed Lizard의 일종.

유전자 가위*

그 어디쯤 DNA 싹을 아예 그리 잘랐을까
씨가 된 몹쓸 단백 코딩하는 바로 거기

어설픈 신神의 한 수를
눈금 훑듯 재고 있다

미생물 면역계에서 뽑아낸 효소라지
반쯤 가린 황반변성 이 가위로 잘라주리

빗장 건 어둠 뒤뜰에
청맹과니 손을 잡고,

환한 세상 일깨우며 가위질 이어가나
다양한 장기에도 언제든지 날 세울 터

온 인류 숙제를 푸는

게놈 지도 그려가며

* 2017년 2월 22일자 〈중앙일보〉 기사 「유전자 가위로 노인성 실명 막는다」 참고.

블루문blue moon*, 블루문

"달하 노피곰 도다샤
머리곰 비취오시라"

까치발 목 늘이다
굳어버린 백제 여인

세상에,
한 달에 두 번씩
집채만 한 등을 다네

멀리 온 먼짓길에
핼쑥해진 푸른 눈매

어스름 하늘 연못
붉덩물 풀어놓고

블루문,

블루문! 둥실

천년 한때 굽어보네

* 달의 공전주기(27.32일)가 양력의 한 달보다 짧아 한 달에 보름달이 두 번 뜨는 현상이 생기는데, 두 번째로 뜨는 보름달을 일컫는 말. 2~3년에 한 번 정도 이 달을 볼 수 있고, 최근 한국에서는 2018년 1월 31일에 슈퍼 블루 블러드문을 볼 수 있었다.

어름치 산란탑

복사밭 진한 꽃멀미 물굽이마다 누룩 딛고
가리여울 몸을 틀어 들뜬 열병 달래볼까
골 깊어 이는 뒷바람
숨 고르며 길을 트지

점박이 옷 떨쳐입고 병정 기질 되새기는지
저린 산통 가실 때까지 돌탑 쌓는 토박이야
어느새 물어 온 자갈
수중 요새 다 지었나

그 누가 일렀을까, 일기예보 통달한 솜씨
비 올 땐 가장자리에, 가물 땐 강 복판에다
동티도 날 리가 없는
선견지명 집터랬어

수놈도 꼬리 비비며 밖으로나 씨 뿌린 절정

밤새껏 탑돌이 하며 별을 헤는 애정사라니
장마 전 치어와 함께
봄길 한번 누비리라

라이언 일병 구하기*

—'군대개미' 구출 작전

척후병 레이더 접자 작은 개미 떼 공격한다
흰개미즙 먹고 사는 메가포네라 아날리스**
군대는 무릇 조직이고,
병법兵法 없인 죽음이리

한순간 아수라장 핏빛 노을 비껴가고
어쩌다 다친 병사 '구조 페로몬' 띄우는가
피붙이 위급한 고비, 너나없이 비상이다

큰 개미 환자 끌고 제 소굴로 후송할 때
남모르는 전통 치료 비법대로 시술하는지
거듭난 병사 거의 다 다음 사냥 주도하는지

부상병 돌본 집단, 개체 수 꽤나 불어나고
손길 잽싼 의술 또한 긴긴 세월 전수하는 법
'라이언 일병 구하기'

몸에 밴 가업家業이야

* 노르망디상륙작전을 주제로 1998년 미국에서 제작한 전쟁 영화.

** *Megaponera analis* : 흰개미를 포식하는 '군대개미'의 일종.

꺽지 혹은 탁란

바위 밑 분계선에 수중 움막 마련했지
한반도 토착종으로 태어난 게 자랑인 듯
물줄기 그리 거스르며
찾아오는 짝을 맞네

무뚝뚝한 포식자라 살갑지도 못했는지
알 슬고 가출한 어미, 탓해서 뭘 하겠나
타고난 뱃심 하나로
제 피붙이 돌본다네

눈치 빠른 감돌고기 떼로 몰려 입 맞춘 뒤
물그림자 뒤흔들고, 고인 물도 갈아주고
남의 터 산실 옆에다
제 알집도 붙이는 걸

다 떠나 휑한 마당 지느러미 곧추세우고

지친 꼬리 가끔 떨며 부채질하고 있네
차세대 다문화 치어,
인구절벽demographic cliff* 넘어서리

* 새로운 출생자 수가 줄어들고 고령자 수가 늘어나면서 소비가 급격하게 줄어들고 경제가 하강하는 현상.

불확실성 시대

–슈퍼박테리아 MCR-1 CRE*

그 누가 '뛰는 놈 위에 나는 놈' 있다 했나
싹 쓸었다 싶더니만 느닷없이 불쑥 나와
최첨단 방탄복으로
재무장한 공격수다

인간도 숨탄것도 무소불위 넘나들고
뭇 이웃 내통하여 세뇌하는 정예 첩보원
한 성깔 만만치 않아
앉아서 당하고 마는,

조류독감 수족구병 광우병 들끓던 한때
눈 뜨고 생매장된 생떼 같은 숱한 목숨
아수라 왜자한 틈에
거듭나는 불사조라니

저 혼자만 사는 세상 이 천지에 있겠는가

생태계 항상성恒常性에 돌 던지는 개발꾼들
새 복병 번지는 수렁에
언제쯤 볕이나 들까?

* 기성 항생제에 대한 내성이 강한 신종 박테리아.

서초동 천년향*

숨 쉬는 장승인 듯 늘푸른잎 입고 서서
차 붐비는 저 네거리 위풍당당 점령하고
한 천년 지켜본 세월 괴롭다고 눈 감으랴

앞섶마다 찌든 먼지 향유로나 닦아볼까
깡마른 몸 물 세척에 빼주사도 더러 꽂고
이토록 치살려 줄 땐 명치끝이 아려온다

향나무 비질하며 '서울 지킴이' 되라 해도
조삼모사 이는 바람, 아주 떠날 그때 되면
드나는 도끼날에도 천년 향을 뿜어주리

* 서울시 지정 보호수(1968년 7월 3일, 서22-3)인 수령 880년의 이 향나무는 '천년향'이란 별명(2009년 11월 19일 명명식)을 가지고 있다.

4부

팔려 온 섬

된장잠자리*

너 인마!

어찌하여

막된장 처발랐니?

국적 없는 떠돌이로

비래종飛來種 꼬리표 달고,

누군들

숨기지 않으리

떼로 뜨는 평화 사절단

* 장마 끝 후끈한 마당 위를 군무하는 아열대성 비래종 잠자리.

꽃기린* 순례

에메랄드 바다에 뜬 '마다가스카르'였나
'고난의 깊이를 아는' 성자聖者로 등극하자

온몸에 가시 두르고
순롓길을 떠난다

긴 목 정수리 위에 꽃 가체 쓴 걸 보면
기착지寄着地 성도에게 문안하는 수녀일까?

베란다 화원에 들러
물 한 잔을 권한다

볕바른 창가에서 성서 줄줄 외는 콧대
묵으면 묵을수록 목울대 저리 길어지고

면류관 서슬이 하도 퍼레

꽃밭이 온통 천국이다

* 선인장 종류로 꽃이 솟아오른 모양이 기린을 닮았다고 하여 붙여진 이름. 긴 줄기에 거친 가시가 돋아 '고난의 깊이를 간직하다'라는 꽃말을 가지고 있다.

팔려 온 섬

한 백 년 묵은 말[言]도 바람결에 실리는지
바니안나무* 실뿌리가 사초史草 쓰듯 뒤척이네
부르튼 손마디처럼, 삭아버린 갈필처럼

인천항 재갈매기 등 돌린 속 가늠할까?
숨겨 온 깃발 펴고 낯선 섬에 발붙이네
헐값에 팔려 온 일손, 물집 잡힌 사탕수수밭

제 몫 다한 하루해가 수평 너머 몸 누일 때
난바다 수채화 한 폭 누가 칠한 핏자국인가
종려수, 쑥대머리로 찌든 그늘 털고 있네

알로하! 춤꾼들이 레이lei** 먼저 걸어주자
아린 상처 불사르는 폭죽 하마 터뜨리고
큰 파도 이는 난바다 여기 와서 터득하네

* Banyan나무 : 열대 지역 교목. 뿌리와 줄기가 엉키기 때문에 한 그루의 나무가 매우 빽빽한 수풀을 이룬 것처럼 보인다.
** 하와이에서 사람의 목에 기념으로 걸어주는 화환.

이팝나무 그늘

입하 무렵 마령 땅에 찰진 그 꽃 흐드러질까
슬픈 그늘 드리우는 아기사리* 이팝나무
뜸 잘 든 고봉 쌀밥이나
실컷 먹고 가라 했지

하늘 함께 땅을 치던 오래잖은 한 시절도
이젠 벗은 멍에일 뿐, 5월 볕뉘 붓대 세워
끝끝내 후광 드리우고
꽃제비 사뭇 부른다지

* 전북 진안 마이산 뒤 마령초등학교 교문 좌우에 있던, 먹지 못해 죽은 아이들의 무덤 터.

봄 꿩*, 미시간에서

실안개 오름 올라
곤지 찍던 토종 봄 꿩

6·25 난장을 뚫고
어느 결에 집 떠났나

꿩 꿩 꿩…
귀에 밴 저 모국어
명치끝 저며오네

일흔 해 드난살이
한낱 전설 오름일 뿐

하늘-호수 어름에서
망향望鄕의 길을 묻네

꿩 꿩 꿩…
대지르면 뭘 하나
국적 잃은 절규인걸,

* 한국 토종 꿩이 1950년 북미주北美洲로 처음 이입되었다.

사파리 투어

사각 철망 울타리 친 사립 공원 동물 농장

바람의 맨발 딛고 쿵 쿵 찍는 발자국들

건기의 사바나평원 검은 누 떼 줄을 잇고,

허기진 재규어 한 놈 군침 저리 흘리는가

눈속임 덫 지레 알고 비켜 가는 저 포식자

바스락 기척에 놀란 임팔라가 걸려든다

먹느냐, 먹히느냐 제힘 다해 내달릴 때

점으로만 이어지는 거친 초원 긴 크로키

숨이 찬 TV 앞 자전거엔 30분이 찍힌다

대화 장날

대관령 높새바람 대화 장터 휩쓸고 간다
눈치레로 차린 좌판 허 생원*만 들떠 있고
달머슴 삭정이 한 짐 어느 세월 팔려 갈까

끌로 대충 쪼아 파는 강냉이엿도 꽁꽁 얼어
손맛 밴 토박이 식당 아랫목이 제격일 때
후루룩 올챙이** 한 그릇 하룻배를 채운다

울타리 비낀 달빛 댓돌 위에서 숨 고를 때
군불 지핀 쪽방 한켠 두리반 차려지고
소금쩍 고등어 한 손 지겟가지에 걸려 온다

* 이효석 작 「메밀꽃 필 무렵」에 나오는 보부상 이름.
** 대화 지역 토속 음식의 일종인 올챙이국수의 준말.

로빈*의 아침

집 떠난 지평 저쪽 마른번개 저리 일고

키를 재던 뜰 도토리 귀를 닫고 단잠 잘 때

낯익은 로빈 한 마리 미명 한끝 물고 온다

잃은 것 참 많았다며 넌지시 운을 떼자

얻은 것도 있을 게라며 내 눈치를 살핀다

찢은 건 달력뿐이지 달라진 게 없는 여기,

얼마나 더 머무는지 눈인사만 찔끔 하며

낙관 하나 섬기듯이 아침 해 터억 품고

먼 훗날 다시 보자며 배밀이하듯 훽 떠난다

* 미국의 숲, 농지 혹은 도시 지역에서 흔히 볼 수 있는 붉은색 가슴을 가진 텃새.

짱뚱어잡이

얼짱 몸짱 따로 있나, 톡톡 튀는 짱뚱어 떼
물 빠진 펀더기 위 숨구멍 두엇 뚫어놓고
까치놀 덧칠한 한때 머드 팩 축제 한창이다

엮어 맨 갈고리낚시 긴 줄 끝에 드리우고
찰나의 손맛에 홀린 어리숙한 저 홀치기꾼
스스로 감을 잡은 듯 놀이터를 조여본다

밀고 당긴 한판 승부 먹을 만큼 잡았는지
생태 교란 잠시 잊고 개펄 와락 입 맞출 때
짱뚱어 높은 콧대에 한바다가 끌려온다

4월 수유리

산 그림자
한참 비켜
한 자락 터 깔았는가

4월 함성 귀도 열고
그날 그때 되짚어보네

늦게 온
봄꽃 멀미에
몸살 앓는 수유리

더러운 손
뿌리치고
어깨 겯던 동지였나

돋보기 콧등에 걸고
자작시나 읊는 오늘

긴 겨울
육탈의 뜰에

축문祝文 달 듯
새잎 돋네

가을밤 자유로

1. 기러기

어린진魚鱗陣 기러기 떼
서릿달 끌고 가네

머리 둔 행선지가
어쩌면 고향일까?

밤마다
드나는 고샅길
알전등 하나 걸리겠네

2. 실솔

이운 풀숲 어디선가

숨어 우는 저 실향민

소슬바람 건듯 일자
옛 현악기 꺼내 드나

밤도와
타는 탄주에
눈물 홍건 고이겠네

과부촌 탐방

소청도 분바위* 밑 홍합 과부촌 아시는지?

석회암 대리석에 다닥다닥 붙어 앉아 일광욕 즐기는 홍합 과부, 가끔씩 파랑 일어 땟국 죄다 씻어내고 뉘 하나 들지 않는 입언저리 한껏 벌려 훤히 뵈는 속살마저 토실토실 중년이라 두덩에 자리 잡은 몇 가닥 조개 털도 쓸 만큼 썼노라며 자르르 윤이 도네, 윤이 돌아 입 무거운 중국인도 오죽해 흘린 말이 '뚱하이푸런東海夫人'일까! 서해안에 널린 과부, 중국에야 동해안 여인네지 말 한번 근사하게 은근슬쩍 붙여놓곤 다다익선多多益善, 다다익선 먹으면 먹을수록 '속살 빤질 예뻐진다' 그 누가 일렀던가? 하기야 우리네들 다를 게 하나 없지 땅거미 술시戌時 되면 찬 바람 슬슬 나고 여기 기웃 저기 기웃 포차에 들다 보면 우선 뜨는 홍합 국물 캬! 좋다 목젖 흥건 적셔놓고 콩이야 팥이야 패총貝塚 수북 탑을 쌓지, 탑을 쌓아 헌데 이봐! 이 화상들 성깔 한번 났다 하면

제 살 속 독을 풀어 미식가 괴롭힌대 열에도 죽지 않는 마비성 패류독에 나 몰라라 눈 딱 감고 집적거릴 일 아닌 게야

오뉴월 서리 맞을라 생과부촌 발을 빼네

* 인천광역시 옹진군 대청면 소청리 해안에 위치한 석회암 퇴적층 지대. 천연기념물 제508호.

정선아라리 9

–디딜방아

양다리 디딜방아 공이 저리 곧추세워
추임새 넣을 때마다 내리꽂는 힘이라니
쿵더쿵 들쑤셔놓아 돌확 속이 얼얼하다

정선이라 첩첩산중 내 속앓이 뉘 알겠어?

남의 집 서방님은 통영갓을 쓰는데 우리 집 저 멍텅구리 떡 치는 채반만 쓰고 놀다 어디루 나가시구 날 끼구 쿵덕쿵덕 놀 줄도 몰라 아들 새끼 잘 낳으라고 구리새미* 푸석한데 덜 익은 방앗공이 밤낮없이 잠만 자네 월미봉月尾峯 살구나무도 고목이 덜컥 되면 오던 새 그 나비도 되돌아가겠지 이삼사월 긴긴해에 점심 굶어도 살지만 동지섣달 긴긴밤이야 임 그리워 나 못 살겠네 싫으면 그만이지 너 하나만 남자더냐 산 넘구 물 건너면 또 남자 있겠지 영감아 홍감아 집 잘 보고 있거라 잠자리 팔아서 엿 사다 줄게 아리랑 덩더쿵 쓰리랑 쿵더쿵 디딜방아 바람났네, 바람났네 물 한 동이 길어다 놓고 물그림자 들여다보자 촌살림 하기에는 정말 원통하구나 석새베 곰방치마 둘렀을망정 웬만한 하이칼라 내 눈 밑으로 돌고 도네 그 옛날 가시버시 쿡 찔러놓았더니 수수밭 대마밭을 다 지나놓고서 빤빤한 잔디밭에서 왜 그리 졸라 시누이 저 올케야 말 내지 말게 삼밭 속 보금자리는 내가 쳐놓았다네 담뱃불 반짝반짝 그대 오시나 했더니 저 몹쓸 반딧불이 나를 또 속이고 있네 삼신산三神山 불로초도 풀은 풀이 아니냐 하룻밤 자고 나도 자긴 자기가 분명하지 아리랑 덩더쿵 쓰리랑 쿵더쿵 디딜방아 다 찧었나, 그럼 그렇지… 고추밭 한 골도 못 매는 저 여편네 이마에 여덟팔자로 눈썹 하나 잘 가꾸지 씨발이 잡년아 돈, 돈만 알지 생사람 나 죽는 줄 너 정말 몰랐더냐 네년이 나만치만 내 생각을 한다면 오동지섣달에도 진달래가 피겠지 서울 종로 네거리에 솥 때우는 아저씨야 우리들 정 떨어진 것은 왜 못 때워주시나, 물결은 출러덩 뱃머리는 울러덩 그대 당신 어데루 갈라구 이 배에 냉큼 올

랐나 내려오소 내려와 대청마루 콩 구르듯 날 봐서 내려오소 내 팔자나 그대 팔자나 이불 담요 깔겠나 꺼끌꺼끌 멍석자리에 깊은 정이나 들어야지

토담 밑 그늘진 곳에서 제 손 깨무는 봉숭아야!

저 건너 묵정밭은 작년에도 묵더니만
올해에도 나와 같이 또 한 해 묵으려나
해거리 풋바심하여 디딜방아 찧어야지

아리랑 덩 덩더쿵 쓰리랑 쿵 쿵더쿵
아리랑 고개고개로 나를 좀 넘겨주게

* 구레나룻의 경상도 사투리. 여기서는 '거웃'을 암시하는 말.

5부

한여름 여울목에

작두

해거름

꼴짐 부리자

요란해진 워낭 소리

작두질

추임새에

단두대쯤 몰라봤나?

툭! 잘린

저 손마디 하나

형과 나를

키웠네

요요

수수꽃다리

그늘에 들어

막힌 코 냅다 풀 때

누가 저리 퉁겨놨어?

팽글 뛰는 금빛 햇발

지구공

감았다 푸는

5월 요요 어찔하네

한여름 여울목에

몇 굽이 돌아왔나, 소沼를 잇는 저 강여울

낮은 곳 찾아 흐르는 겸손까지 몸에 배어

귀 세워 듣는 입소문, 행간마다 자잘하다

바윗돌 밑 경계층*엔 태풍의 눈 빙빙 돌아

털끝 하나 놓칠 수 없는 포식자도 드나들고

유속을 거슬러 가는 물고기 떼 숨 돌린다

미늘 없는 파리 낚시로 한여름 훑고 있나

뭉게구름 틈 가르며 줄줄이 뜨는 메신저들

난바다 이르는 모성을 이곳에서 눈치챈다

* 유체 내 물체 표면 가까이의 액체층. 여기에는 유속이 없다.

은행나무 진화론

날짐승, 숨탄것들 등[背] 돌린 근린공원
빈 벤치 타고 앉은 잎새 몇도 코를 막네

한가을, 그 열매 털고
화생방전化生放戰 벌이는가

제 피붙이 먼 곳까지 방출하기 포기하고
삼이웃에 먹히기를 죽도록 저어한 너

늦더위 부치다 지친
쥘부채만 밟고 가네

살아 있는 화석化石*답게 먹이그물 죄다 끊고
살아온 방식대로 콧대 높인 저 죽살이

노거수老巨樹 이르는 말이
거짓부리 아니었어

* 살아 있는 화석 : 오랜 지질시대를 버텨온 은행나무의 별칭.

표고버섯 다비茶毘

굳은 속살 먹고 사는 자식 같은 표고버섯

어미 원목 키 고르고 홀씨 풀어 제금내네

자드락 귀퉁이 땅에

흘레바람 비 뿌리네

새끼 버섯 올망졸망 갓 쓰고 고개 들 때

밑자루 꺾으면서 눈시울 붉힌 울 할머니

피붙이 젖만 물리다

다 늦게야 철이 드는,

제 할 일 다 해놓고 골다공증 앓는 어미

머흔 길 변방에서 먼산바라기 하고 섰나

당신을 다비식茶毘式 하듯

삭은 고목 불 지르네

거망빛 5월 : 오디

노랑붓꽃 연못 어귀
그네 뛰던 큰누이야

보리밥 물 말아 먹고 뽕잎 따러 가자 했지

선잠 깬
햇누에인 듯
허기지던 한때였어

늦은 5월 별뉘 사이
하마 차린 성찬인가

떼로 달린 열매마다 제 무게 가지가 휘고

톡, 터진

거망빛 단물에
입속이 다 상큼했지

오딧물 입언저리
턱수염만 성성한데

개울물에 닦아주던 그 손길 어디 갔나?

장포꽃
이울 무렵쯤
그네 뛰던 큰누이야

밤길

쓰다 만 얼레빗 달이 갯버들 잎 빗질하나

갈마바람 건듯 일자 사운대는 물굽이 길

부엉이 목청을 깔 땐 잰걸음도 소름 돋네

봄여름 틈새 이으며 길동무 된 저 물줄기

긴 험로 점자 더듬어 낮은 데로만 이르는가

이따금 쉴 참 가늠해 달 띄워 갈 곳을 묻네

이제나저제나 하며 마중 나선 밤길 시오리

눈 어두운 울 어머니 물소리나 헤아리실까?

외갓집 환한 불빛이 등대인 듯 다가오네

망와望瓦*

모진 간난 벽조목霹棗木**인 듯
오래 굳은 곱새기와
밤낮없이 경經을 외다 연꽃무늬 새겨놨나
용마루 걸터앉아서 비손하는 울 어머니

멀리 보면 멀리 볼수록
삭아지는 바래기기와
오만 것 죄 내려놓고 제 길 가라 이르는가
수유須臾도 느루 잡으며 손사래 치는 울 어머니

* 용마루 끝에 끼우는, 우뚝한 암막새.
** 벼락 맞은 대추나무. 재질이 단단하여 장식이나 도장 재료 등으로 쓰인다.

살살이꽃* 꽃갈피

1

절로 이는 소슬바람
꽃대 깨워 설장구 치나

문창호지 다 바른 뒤 문고리 쪽 두른 꽃밭

장구채
스칠 때마다
허리 휘청 춤사위라니!

2

가을걷이 짧은 해가
산 그리메 길게 깔 즈음

부지깽이 찾다 말고 문짝 먼저 풀 먹이나

혼잣말
구시렁대다
꽃갈피 뜨는 손길 하나!

* 코스모스.

새야 새야, 솔새*야

쪽물 드는 하늘 가녘 남천南天 열매 등을 달고
눈 뜨고 간 저 뜨내기, 봉분 한 채 지어주네

뒤늦은
부음을 받고
나부끼는 가을 만장

때 되면 죽지 세워 제 안태본 오고 가나
벌레 잡던 부리 들어 궁창 한켠 끌어 덮네

지상에
빈 둥지 친 건
대代를 이은 죄업일 뿐,

누에고치 집을 헐고 나방으로 거듭나듯
아 글쎄 수유須臾라 했나, 환생하여 만나자네

잘 가게!
빈 몸뚱어리,
솟대 위에 높이 앉게

* 휘파람샛과에 속하는 여름 철새.

유척鍮尺*

누더기 너절한 몸 아랑곳없는 딸깍발이

하사받은 잣대 하나 괴춤 고이 찔러 넣고

달려가 들이대리라, 속 절이는 소금이 되리

으밀아밀 내린 어명 목숨 걸고 받드는 일

재로 닦아 환한 눈금 온 누리 척도로 삼고

널뛰듯 날뛰는 오늘, 길들이는 채찍이 되리

* 임금이 암행어사에게 하사하는 20cm 정도의 놋쇠로 된 표준 잣대.

다시 구지가龜旨歌

거북아 큰 거북아 머리 한번 내밀어 봐

정말 참말 답답한 건 눌려 사는 세상이야

온 나라 기우뚱할 때 네 힘 좀 빌려보자

한 패거리 덩치 싸움 이제 그만 넌더리야

이렇듯 두 손 모아도 가망 없다 눈감겠지

누굴 또 구워 먹은 뒤 부른 배를 두드리나?

다시 세금 타령

싹쓸이 후리질에 살길 찾아 허둥대는 날

태어났다고 주민세, 피땀 흘린 유리지갑 옭아내는 갑근세에 소득세, 돈 모아 차 샀다고 취득세, 차 넘버 달았다고 따로 떼서 등록세, 북한 그리 불안한가 사방팔방 방위세, 아껴 쓰고 저축했다고 재산세, 살았을 때 자식 나눠줬더니만 증여세, 굽도 젖도 할 수 없어 벤처 회사 차렸는데 법인세라, 법인세라, 날씨 추워 전기 냅다 썼다고 누진세, 숨 한번 돌려보세, 돌려봐 홧김에 한잔했다고 주류세, 제 놈이 술 사줬나 황당하게 교육세, 힘들어 한 대 피워 물었다고 담배세, 남이 쓰는 화장품에 왜 붙이나 농어촌특별세, 껌 하나 사봤는데 거기에도 소비세, 배 아파 똥 좀 누면 환경세, 집 안에 가만 앉아 쉬기만 해도 전기세·수도세, 죽으면 만세일까? 아니야, 그것도 아니야, 자식 놈들 상속세 어쩌라고? 물어뜯긴 이 마당에 쇠푼깨나 있는 양반, 탈세에 노세 노세, 만나세 마시세, 부르세 노래방만 꽉 차는데…

물것들 가렴주구苛斂誅求에 일신一身이 곤곤하다네*

* 작자 미상 「물것타령」에서 일부 차용.

땅거미 어미 감자

씨감자 눈을 따고 두엄 가루 버무린다
하룻밤쯤 재워가며 아린 속살 굳어질 때
모른 척 딸 시집보내듯
밭에 내다 묻는다

흙더미 속 머문 한때 잠 못 이룬 어미 감자
이 지상 한살이가 그렇게도 뿌듯한지
열 남짓 제 새끼 업고
삭아가며 꽃을 단다

피붙이 재롱 보듯 다시 앉은 밭이랑에
소금쩍 흰 윗도리 골바람 저리 비켜 갔나
울 엄니 굽은 등허리
땅거미가 무겁다

| 해설 |

영원한 문청文靑의 활기찬 그 행보行步

-자신만의 독특한 보법에 얹은 우렁우렁한 목소리

박시교 시인

1

2000년대로 접어들면서 시조단에 새로운 변화의 조짐이 일기 시작했다. 그 가운데 가장 두드러진 점이 역량 있는 시인들의 대거 등장이었다. 시조시인 인구의 증가는 자연스럽게 작품에도 영향을 미쳤고, 그리하여 주제와 소재의 확장은 물론 대상과 내용의 다양성이 실제 작품으로 나타나서 시조 문학의 발전적인 현상으로까지 이어지게 되었다. 이런 가운데서 특히 필자가 주목한 점은 문학과는 일정 거리가 있는 타 분야 전문인들의 등장이었는데, 그들 가운데서 정평림 시인을 그 첫 번째로 꼽을 수가 있다. 기생충학寄生蟲學이라는 일반에는 다소 생소하고 특별한 한 분야에서 이미 최고 학자의 경지에 다다른 그였다. 그런데 명예로운 정년에 이르러서 또다시 새로운 분야인 문학의 길로 선뜻 나섰다는 것은 그만한 용기와 결단이 필요했을 터이다. 연전에 엮어낸 시선집 『가을 헌화가』의 말미 「자전적 시론」에서 시인은 이렇게 직접 밝히고 있다.

> "나는 고등학교 시절, 누구나 한 번쯤은 그랬듯이 시인이 되고 싶었다. 자기가 느낀 감정을 가락에 실어 쓸 수 있다는 것은 아무리 보아도 매력적이었기 때문이었다. 그러나 그때의 피치 못할 사정으로 대학에서 생물학, 의학을 전공하게 되었고 (…중략…) 의과대학 교수로 정년하기까지 미력이나마 의학 발전에 공헌하게 된 셈이 되었다. 정년 무렵쯤 잠재해 있던 '끼'가 발동이 되어 바쁜 와중에서도 짬짬이 시작 활동을 하게 되었다."

그러니까 오래전 꿈을 아주 버리지는 않았던 것이다. 거의 50여 년에 가깝도록 어쩌면 자신도 모르게 그 꿈을 가슴 깊이 간직하고 살았던 것인지도 모른다. 그리고 인용한 글 가운데 "자기가 느낀 감정을 가락에 실어 쓸 수 있다는 것"이라는 대목에서 "가락"은 바로 시조를 가리키는 것이 아니고 달리 무엇이겠는가. 이를 뒷받침하는 시인의 회고로, "1957년 대학신문에 「추감삼제秋感三題」란 시조가 당선된 적이 있다"라고 밝히기도 했다. 아무튼 그 지난한 시작을 시인은 이렇게 시화詩化하고 있었다.

칠판 삼은 저 하늘에 밑줄이나 그어대고
이 지상 화선지엔 수묵화나 그려 넣나

삶터란 벽 없는 교실
교과과정 짜기 바쁜,

자고 나면 내달리는 초고속 수업이야
뭘 하나 꿍쳐놔도 내일이면 헛것일 뿐

손전화 창窓을 더듬다
돋보기 먼저 찾고 있어

낡은 틀 못 깬 사이 필수과목 늘어나고
책갈피 열 적마다 붉은 줄 투성이였지

눈 침침 어두운 오늘

과제 하나 익힐까?

–「뒤처진 수업」 전문

뒤늦은 출발이었지만 어언 열다섯 해, 결코 적지 않은 해 넘김이 있고 난 오늘에도 시인은 신인의 자세를 흩트리지 않는 모습을 인용한 작품을 통해서 보여주고 있었다. '칠판 삼은 하늘'을 펼쳐놓고 '지상의 큰 화선지'에는 수묵화를 그려 넣는 그런 자세, 모름지기 시인의 시적 보폭이 이 정도는 되어야 하지 않겠는가. 그리하여 벽 없는 그 드넓은 교실, 그곳에서 시 쓰기 교과과정을 짜기 바쁜 오늘의 일상이 어쩌면 의학자로서의 지난했던 연구 과정 못지않게 행복할 것이라 믿게 된다. 그리고 또한 뒤처진 수업을 그렇게 해서 극복하고, 자신만의 독특한 시적 자세와 우렁우렁한 큰 목소리를 비로소 갖게 된 것이다.

2

고향을 그리고 있는 몇 편의 작품 가운데서 단시조「작두」를 통해서는 어렴풋이나마 아픈 가족사를 읽어낼 수가 있었다.

해거름

꼴짐 부리자

요란해진 워낭 소리

작두질

추임새에

단두대쯤 몰라봤나?

툭! 잘린

저 손마디 하나

형과 나를

키웠네

—「작두」 전문

"워낭 소리"는 이제 듣기가 어렵다. 농기구의 발달로 소가 하던 쟁기질이나 짐 부리는 농사일들이 사라졌기 때문이다. 연전에 다큐멘터리 영화로는 그 기록이 어려운 300만 관객을 동원한 〈워낭 소리〉로 해서 오래 묵혀두었던 기억을 되살린 적이 있기는 하다.

소의 먹이인 여물을 꾸려놓은 것인 "꼴짐"도 먼 시절의 이야기이다. 그러니 그 소여물을 자르는 "작두질"도 마찬가지이다. 그런데 이 시의 종장이 바로 화자의 아픈 가족사를 집약해놓고 있다. "툭! 잘린 / 저 손마디 하나 // 형과 나를 / 키웠네"라는 결구는 단순한 과거 회상이 아니라 바로 현재까지도 유효한 아픈 가족사의 상처에 다름 아니다.

그러고 보니 시인과의 오래전 어느 만남에서 가졌던 대화가 생각난다. 필자의 고향이 봉화라는 것을 알고는 6·25 한국전쟁 당시의 이야기를 들려주었던 것이다. 정 교수(개인적으로는 그렇게 호칭한다) 가족이 고향 평창에서 피란을 한답시고 남쪽으로 내려온 곳이 봉화였다. 그

높고 험준한 태백 준령을 넘고 넘어온 피란처가 출발지와 다름없는 산골. 그 피란길에 함께했던 소를 잃어버리고 다시 찾기까지의 고충을 그는 들려주었다. 농사를 지으려면 소의 도움은 절대적이었고 따라서 농가 재산 1호가 바로 소이던 시절 이야기였다. 소여물을 작두로 썰다가 잠깐의 실수로 손을 다치는 일이 실제로 일어나기도 했던 시절에 화자의 아버지도 그 아픔을 겪게 된다. 「작두」는 그 아픈 상처의 가족사 한 페이지를 시화하고 있는데, 단수 압축의 묘妙가 뛰어난 작품이었다. 구句와 장章 사이에다 정작 주요 이야기를 깊이 숨겨놓아서 읽는 이로 하여금 직접 상상의 조각을 짜 맞추게 하려는 의도가 돋보였다.

고향을 그린 작품을 더 옮겨 읽기로 한다.

바랑재 긴 너덜겅 배낭 하나 메고 넘네

스스로 뜬 눈높이만큼 애벌구이 해도 뜨고

먼발치 닭 울음소리 한 발이나 길어졌네

위, 아래뜸 할 것 없이 해동갑 일손 바빠

잰걸음 서둘수록 돌부리 사뭇 걸려들고

해거름 그림자 키만 멀대같이 자랐다네

멋모르고 덧칠해온 군더더기 아닐는지?

철부지 귀잠 깨워 갈 길 이르는 저 물소리

우수수 밤하늘 별빛 빈 배낭에 쓸어 담네
-「평창 나들이」 전문

꼬리 물고 포개진 산맥, 말 건넬 듯 다가온다
펑퍼짐한 '육백 마지기' 수풀 천 리 깔고 앉아
가리왕 맥국貊國 성터를 으늑하게 숨겨놓고,

된바람 된비알에 죽살이치며 버틴 푸나무
속살 깊이 감싼 잎눈 나무새로 돋아날 때
벽파재 정선아라리가 깊은 귀잠 들깨운다

자작나무 숲길 따라 햇살 몇 톨 길을 내고

이고 갈 짐 커질수록 울대 뽑는 저 뻐꾸기
울 엄니 허기진 하루 누리대만 꺾어 물 뿐,

무수리 물 긷던 샘터 한발 쉬며 목 축이나
보리누름 올 때꺼정 노상 뜨는 찬 바람꽃
몰고 온 산 그리메가 영서嶺西 한끝 뒤덮는다
–「가리왕산 바람꽃」 전문

"바랑재 긴 너덜겅" 길, 그러니까 울퉁불퉁 돌부리 널려 있어 험한 그 높은 재를 배낭 하나 메고 넘는 고향「평창 나들이」길은 지금까지도 옛길 그대로 변함이 없다. 따라서 "먼발치 닭 울음소리 한 발이나 길어"진 풍광도 반세기쯤 전 낡은 흑백필름 모습이다. "위, 아래뜸 할 것 없이 해동갑 일손 바빠 // 잰걸음 서둘수록 돌부리 사뭇 걸려" 드는 나들이가 변함없는 오래전 그 모습 그대로인 것에 그만큼의 깊은 정이 물씬 묻어나는 것을 느낄 수가 있었다. 그리고 여기에 더하여 "철부지 귀잠 깨워 갈 길 이르는 저 물소리"는 시를 읽는 이의 귀까지도 맑게 씻어주는 듯한 시구였다.

「가리왕산 바람꽃」도 마찬가지였다. "꼬리 물고 포개진 산맥, 말 건넬 듯 다가"오는 그 첩첩 산협 펼쳐진 고향

산세에 어머니 모습을 겹쳐 그리고 있었다. "이고 갈 짐 커질수록 울대 뽑는 저 뻐꾸기" 울음소리에 "울 엄니 허기진 하루 누리대만 꺾어 물 뿐"이라고 회상한다. "누리대"라는 산나물은 해발 1천 미터 이상 높은 고지대에 자생하며 특이한 향을 가졌다는데, 어머니의 허기를 달래주었을 옛날 정경을 떠올리고 있는 것이다.

인용한 두 작품에서 화자의 가슴속 깊이 각인되어 있을 그리운 고향의 산 그림자를 새겨서 읽을 수가 있었다.

3

자연현상을 바라보는 시인의 눈은 저마다 다르게 마련이다. 그런데 이때 그 형상 그리기의 각자 자세에 따라서 그만의 개성이 나타나게 되고 그러한 특징이 시인의 내면세계를 결정하게도 된다. 흔히 묘사가 이채롭다느니, 감성이 특이하다느니 하는 등등의 상찬을 묶어서 '아름답다'라는 말로 뭉뚱그리는 예를 시조 작품에서도 적용하지만 적확하게 표현하자면 '자신만의 분명한 목소리를 가졌다'고 하는 것이 옳다. 이 장에서는 그러한 재미를 느낄 수 있는 몇 작품을 옮겨 읽으려고 한다.

코끼리 귀 연잎 위에 청개구리 성큼 앉아

조는 하늘 죄 삼킬 듯 입 째져라 하품할 때

해묵은, 마른 꽃대에 물잠자리 뱅뱅 돌고

햐! 고놈 엉큼하게 봉 잡았다 여기는지

먹잇감 사뿐 앉자 팔짝 뛰어 덮치는가

제 몸피 큰 줄 모르고 반도 못 가 공중제비

웃기는 놈 빠진 연못 빗살무늬 사뭇 일고

부처님 손바닥에 잔금 하나 긋는 참에

한나절 구름 몇 점이 물거울에 둥실 뜰 뿐,
–「파문의 뒤끝」 전문

애강나무 욱은 숲길 초여름에 접어든 날

갈맷빛 잎 출렁출렁 흰 꽃구름 피워놓고
난분분 하늬가 일 때
너와 갈 길 구만리였지

한발 쉬던 그늘에는 성근 볕뉘 하마 들고
꽉 짜인 매무새가 헐렁해진 조락의 시간
철 이른 검붉은 열매
제 무게 견디고 있네

끝물 땡볕 갈무리한 볼 아래로만 눈길 주나
육탈肉脫의 숨겨운 고비 땅속 깊이 묻을 순 없어
입 다문 빈 가지 잡고
멀고 긴 말 되뇌이네
–「애강나무 그늘」 전문

앞에 인용한 「파문의 뒤끝」은 여름날 한낮에 연못에서 관찰할 수 있는 자연 풍광 한순간의 컷을 마치 세밀화로 옮겨놓은 것 같은 작품이다. 그런데 정경 표현이 현장에서 함께 관찰하고 있는 듯한 착각이 일어날 정도로 오밀조밀하고 정겹기까지 하다. 그만큼 뛰어난 관찰력과 빼어난 묘사가 아름다운 조화를 이루고 있다.

"마른 꽃대에 물잠자리 뱅뱅 돌"다가 잠시 잠깐 "사뿐 앉자" 이때다 하고 "팔짝 뛰어 덮치는" "청개구리". 그러나 "반도 못 가 공중제비", 조용하던 연못에 빠지고 말자 퐁당 소리와 함께 빗살무늬 파장이 일어나는 순간을 잽싸게 포착한다. 그 "파문의 뒤끝" 표현 또한 넉넉한 여유를 동반하고 있다. "부처님 손바닥에 잔금 하나 긋는 참에 // 한나절 구름 몇 점이 물거울에 둥실 뜰 뿐" 곧바로 파문의 흔적을 지우고 여름 한낮은 조는 듯이 다시 고요하고 한가로운 제자리 포즈로 돌아가게 된다.

뒤의 작품 「애강나무 그늘」은 바로 앞 장에서 다룬 고향 이야기와도 연관을 가지고 있다. 아가위나무山査木를 강원도에서는 애강나무라고 부르는가 본데, 가을에 붉은 열매가 열리며 산골 어느 마을 부근에서나 흔히 볼 수 있는 나무이다. 그런데 첫 수 종장 "난분분 하늬가 일 때 / 너와 갈 길 구만리였지"라고 하여 특별한 관계를 지우고 있음을 목격하게 된다. 그리고 "한발 쉬던 그늘에는 성근 별뉘 하마 들고"에서 보듯이 나무 "그늘"은 어느새 별 그림자를 불러들이는 산협의 짧은 한낮 추억을 다시 떠올려서 마치 그림 그리듯 묘사하고 있다. 그리하여 "육탈의 숨겨운 고비 땅속 깊이 묻을 순 없어 / 입 다문 빈 가지 잡고 / 멀고 긴 말 되뇌이"게 된다고 회고한다.

표제작 한 편을 더 옮겨 읽기로 한다.

얼음덩이 둥둥 타고 가쁜 숨 몰아쉰다
떠다니는 제 한 몰골 행여 모를 저 북극곰
야성의 발톱을 세워 둔한 엉치 긁고 있다

툰드라 길 헤쳐 가는, 욕망의 끈 두루 엉켜
쾌도난마 날 세우며 때만 보는 막장이라니
투발루Tuvalu 덮친 파도가 북극해로 밀려온다

코앞에 둔 유토피아 그리도 멀고 먼지
유빙의 바다를 묶어 삼한사온 되찾을 때
한바탕 오로라 띄워 곰 가족을 조명하리

—「유빙流氷의 바다」 전문

"얼음덩이"와 "북극곰", "툰드라"와 "오로라". 이 단어들만으로도 시의 현장이 어디라는 것쯤은 곧바로 알 수 있다. 유빙이 오직 생존의 터전일 뿐이라면 북극곰은 위기를 맞고 있는 것이 분명하다. 어쩌면 해발고도 최고점이 불과 4미터에 불과한 나라 투발루가 해수면의 상승으로 머지않아 바다 밑으로 가라앉을 것이라는 인류의 걱정과도 무관하지 않다. 그러나 이쯤에서 생각을 가다듬어보자. 자연의 위대한 조화는 우리 인간들의 걱정처럼 그렇게 호락호락하지가 않다. 시인은 그러한 자연의 감춰진 힘을 이미 알고 있고 또한 믿어 의심치 않는다. 그리하여 "코앞에 둔 유토피아 그리도 멀고 먼지 // 유빙의 바다를 묶어 삼한사온 되찾을 때 // 한바탕 오로라 띄워 곰 가족을 조명하리"라고 희망을 노래한다. 이처럼 어려운 때 현란한 빛의 마술을 연출해내는 것이 바로 오늘을 살아가는 시인의 사명인지도 모른다. 그리고 어떠한 경우에도 시인은 쉽게 절망하지 않는다. 그 이유는 오로라의 형언할 수 없는 그 마력의 빛을 자신의 정신으로 환치할 수 있다고 믿기 때문이다.

4

시조집 『유빙의 바다』에는 주목할 만한 사설시조 몇 편이 실려 있다. 「빈손」 「하지감자」 「과부촌 탐방」 「정선아라리 9」 「다시 세금 타령」 등의 작품들인데, 이 장에서는 그 가운데 두 편을 옮겨 읽기로 한다.

모지랑숟가락으로 긁다 긁다 남긴 몇 알
신문지에 돌돌 말아 숨겨둔 게 사달이었나
이듬해 봄이 무섭게 씨눈 뜨는 감자라니

후생에나 다시 보랴, 맘 졸이며 비손할 때
아니야! 정말 아니야, 콩알만 한 새끼 감자 실뿌리 사뭇 내려 어미 등 굳게 잡고 조랑조랑 매달렸어, 매달렸어 제 몸 말려 후사後嗣 잇는 벼랑 끝 궁리일까? 새끼치기 종족 보존 저네들의 비원일까?
9남매 줄곧 키워내다 삭아버린 우리 엄니
—「하지감자」 전문

정평림 시인의 작품에 시어로 등장하는 단어 가운데

는 각주를 달아야 할 정도로 반세기 전쯤에나 통용되던 이미 잊힌 언어들이 가끔 나오는데, "모지랑숟가락"도 그 가운데 하나이다. 첫 구初句에 놓은, 오래 써서 끝부분이 닳은 "모지랑숟가락"과 마지막 구終句의 "우리 엄니"와의 연결은 의도된 것이든 아니든 간에 서로 긴밀한 시적 조화를 이루고 있다. 앞 수 평시조에 뒤에 사설을 얹은 혼용으로 이 또한 조화를 이루고 있으며 근래에 자주 쓰이고 있는 보법 형식이다. 첫 수의 식용하고 남은 잊히다시피 한 감자 몇 알이 이듬해 봄 싹을 틔우는 생물의 번식 본능을, 뒤 사설 "제 몸 말려 후사 잇는 벼랑 끝 궁리"로 잇댄 뒤에 "9남매 줄곧 키워내다 삭아버린 우리 엄니"로 자연스럽게 의미 연결을 갈무리한다. 화자가 의도한바 시작詩作의 고리를 짧은 사설에 잘 다져놓은 좋은 예가 되었다. 특별한 경우가 아니라면 사설시조도 이처럼 짧고 간명해야 상의 명징성은 물론이고 전달력까지도 동시에 수반하게 되는 것이다.

마지막으로 사설시조 한 편을 더 옮겨 읽기로 한다.

싹쓸이 후리질에 살길 찾아 허둥대는 날

태어났다고 주민세, 피땀 흘린 유리지갑 옮아내는 갑근

세에 소득세, 돈 모아 차 샀다고 취득세, 차 넘버 달았다고 따로 떼서 등록세, 북한 그리 불안한가 사방팔방 방위세, 아껴 쓰고 저축했다고 재산세, 살았을 때 자식 나눠줬더니만 증여세, 굽도 젖도 할 수 없어 벤처 회사 차렸는데 법인세라, 법인세라, 날씨 추워 전기 냅다 썼다고 누진세, 숨 한번 돌려보세, 돌려봐 홧김에 한잔했다고 주류세, 제 놈이 술 사줬나 황당하게 교육세, 힘들어 한 대 피워 물었다고 담배세, 남이 쓰는 화장품에 왜 붙이나 농어촌특별세, 껌 하나 사봤는데 거기에도 소비세, 배 아파 똥 좀 누면 환경세, 집 안에 가만 앉아 쉬기만 해도 전기세 · 수도세, 죽으면 만세일까? 아니야, 그것도 아니야, 자식 놈들 상속세 어쩌라고? 물어뜯긴 이 마당에 쇠푼깨나 있는 양반, 탈세에 노세 노세, 만나세 마시세, 부르세 노래방만 꽉 차는데…

물것들 가렴주구苛斂誅求에 일신一身이 곤곤하다네

—「다시 세금 타령」 전문

그러고 보니 세금 종류도 여러 가지로 많기도 하다. 우리의 일상생활이 알게 모르게 세금 그물에 갇혀 있는 것 같다는 생각이 들게 한다. 잘은 모르지만 여기 적시한 세금 말고도 더 있을 것이다. "싹쓸이 후리질에 살길 찾아 허둥대는" 현대인에게 보이지 않는 무거운 등짐이 세금인 것만은 틀림이 없음을 일깨우고 있다. 현실성을 담보로 한 일종의 해학과 패러독스. 사설의 현대적 중요 기능이라고 하면 이러한 점이 가장 우선시되고 또 마땅히 역점을 두어야 할 과제라고 필자는 믿고 있다. 그런 점에서 볼 때 「다시 세금 타령」은 세금이 갖는 순기능과 역기능의 한계나 시비를 떠나서 현대인들에게 미치는 정신적 굴레를 상기시켰다는 점이 돋보였다. 그리고 새삼스러운 얘기가 되겠지만 현대문학의 넓은 무대에서 사설시조가 어느 위치, 어떤 자세로 판을 벌여야 할지를 가늠하는 적합한 하나의 예가 되었다고 생각한다.

출발선은 비록 한참 늦었지만 '무엇을 쓸 것인가, 자신만의 개성 있는 특출한 목소리를 어떻게 담아낼 것인가'라는 명제 앞에서 시인이 분명한 자세와 어떤 힘을 보여주고 있는 시집이 바로 『유빙流氷의 바다』였다. '시인은 늙지 않는다. 다만 그 궁리窮理가 깊어갈 뿐이다'라는 평소 생각을 실제로 실천해 보이고 있는 정평림 시인의 행보에 뜨거운 박수를 보내면서 글을 맺는다.

정평림

강원도 평창 출생. 미국 미시간대 대학원에서 이학박사 학위 취득. 2003년 《시조시학》 신인상, 2004년 〈전북중앙신문〉 신춘문예 등단. 2003년 샘터시조상, 2012년 제4회 열린시학상 수상. 2004년 한국문화예술위원회 문예창작기금, 2013년 경기문화재단 문예창작기금 수혜. 시조집 『거기 산이 있었네』 『메밀밭으로 오는 저녁』 『가을 헌화가』 출간. 현재 인하대 의대 외래교수.
pine-tree032@hanmail.net

유빙流氷의 바다

—

초판1쇄 2018년 11월 22일
지은이 정평림
펴낸이 김영재
펴낸곳 책만드는집

—

주소 서울 마포구 양화로3길 99, 4층 (04022)
전화 3142-1585·6
팩스 336-8908
전자우편 chaekjip@naver.com
출판등록 1994년 1월 13일 제10-927호

* 이 도서는 한국출판문화산업진흥원의 출판콘텐츠 창작 자금 지원 사업의 일환으로 국민체육진흥기금을 지원받아 제작되었습니다.

—

ISBN 978-89-7944-669-2 (04810)
ISBN 978-89-7944-354-7 (세트)